Helmut Gollwitzer, Das Hohe Lied der Liebe

Helmut Gollwitzer

Das hohe Lied der Liebe

Chr. Kaiser

CIP-Kurztitelaufnahme der Deutschen Bibliothek

Gollwitzer, Helmut:
Das Hohe Lied der Liebe/Helmut Gollwitzer. –
8. Aufl., 42.–46. Tsd. – München: Kaiser,
1991.
(Kaiser-Traktate; N. F. 8)
ISBN 3-459-01675-2

NE: GT
Bis 5. Aufl. als: Kaiser-Traktate; 29

Umschlag: Ingeborg Geith, München
Satz: Georg Wagner, Nördlingen
Druck und Bindung: Clausen & Bosse, Leck

Inhalt

Vorwort

Für den 17. Deutschen Evangelischen Kirchentag, der vom 8. bis 12. Juni 1977 in Berlin stattgefunden hat, war ich von der Arbeitsgruppe »Christen und Juden« beauftragt worden, in Ergänzung zu den in der Bibelarbeit der vorangehenden zwei Tage behandelten Kapiteln 12 und 13 des ersten Korintherbriefes das Hohelied Salomos auszulegen und es in Beziehung zu setzen zum 1. Kor. 13, dem sog. paulinischen Hohenlied der Liebe. In dieser Arbeitsgruppe hat sich die fruchtbare Gewohnheit durchgesetzt, alle Themen immer von zwei Rednern, einem Juden und einem Christen, behandeln zu lassen, so auch die Bibelarbeiten. Mein Partner am 11. Juni in Berlin war Dr. Pinchas E. Lapide, der für Fragen der christlich-jüdischen Verständigung seit Jahren so eifrig und kenntnisreich tätige israelische Publizist, der sich seit einiger Zeit in der Bundesrepublik aufhält. Unsere Auslegung geschah in einem Zwiegespräch, das von einer großen Hörerschaft sehr angeregt verfolgt und dann in eigener Diskussion weitergeführt wurde. Der Text ist zu lesen im Dokumentarband über den Kirchentag 1977 (Kreuz-Verlag, Stuttgart 1977).

Dabei sei nicht verhehlt, daß unser Zwiegespräch – bei vielem Einklang – gewürzt war durch eine gewisse Differenz: Lapide fand im Hohenlied den Lobpreis der bräutlich-ehelichen Liebe, wogegen ich mich dem neuesten wissenschaftlichen Kommentar anschloß, der aus der Feder des skandinavischen Alttestamentlers Gillis Gerleman stammt (Biblischer Kommentar, Altes Testament, Band XVIII, Neukirchen 1965). In ihm wird jene Deutung als eine Eintragung angesehen, für die der Text keinen Beleg gibt. Damit ist das heute so aktuelle Problem aufgeworfen, ob für die Legitimität der geschlechtlichen Liebe die Legalisierungen maßgebend seien, die von Gesellschaft und Kirche dafür vorgesehen sind. Dies blieb zwischen Herrn Dr. Lapide und mir wie auch im Hörerkreis umstritten.

Zur Vorbereitung auf den Kirchentag habe ich den Ertrag meiner Bemühungen um das Hohelied vorher während einer Frankreichreise schriftlich und ausführlich niedergeschrieben. Dies lege ich hier vor. Besonders förderlich, auch zur Korrektur, waren die diese Reise begleitenden Gespräche im Freundeskreis, an denen meine Frau, Dr. Christoph Staewen, Käthe und Harald Buchrucker teilnahmen, und für die ich sehr danke.

Wo das Hohelied zitiert wird, habe ich mich, ohne es im einzelnen anzugeben, in freier Wahl angelehnt an die Übersetzungen von Luther, Gerleman, Buber, Torcyner, Manfred Hausmann (»Das Lied der Lieder, das man dem König Salomo zuschreibt«, Frankfurt/Main 1958) und Leopold Marx (Reclam, Nr. 8896, 2. Auflage 1974).

Besondere Anregung und auch Bestätigung bekam ich durch eine Abhandlung des verstorbenen französischen reformierten Theologen Georges Crespy, Pour une théologie de la sexualité (Etudes théologiques et religieuses, Montpellier 1977, Heft 1, 65-124).

Helmut Gollwitzer

Himmlische Liebe
oder irdische Liebe?

Wie liest ein Christ, also ein Glied derjenigen Gemeinde, an die *Paulus* seine Briefe geschrieben hat, das Hohelied? Wie bringt er zusammen, was ihm von Paulus über die Liebe gesagt wird, mit diesen alten Liebesliedern, die der Dichtkunst des Königs Salomo zugeschrieben wurden?

Er könnte es sich einfach machen: sie gar nicht lesen. Dann gäbe es auch nicht die Frage, wie das eine (Paulus) mit dem anderen zusammenzubringen wäre. Man braucht ja nicht alles auf Erden, alles, was literarisch überliefert wird, zusammenzubringen, und man kann es auch nicht. Es gibt da vielerlei, was gar nichts, schlechthin nichts miteinander zu tun hat, und auch vielerlei, was sich diametral widerspricht; das soll man dann nicht mit Gewalt harmonisieren. Besser, jedes da stehen lassen, wo es steht, im ehrlichen Widerspruch und nicht im gewaltsamen Einklang.

Beim Hohenlied ist das aber für die Christen kein Ausweg. Denn es steht in der Bibel, der graphe wie Paulus immer mit größtem Respekt sagte, und was darin steht, hat mit Christus und dem Glauben zu tun und kann also für Christen nicht gleichgültig sein.

Bei allem Streit, der schon damals rasch zwischen Christen und Juden ausbrach, und trotz aller Verachtung, mit der die Christen leider bald auf die Jesus als Christus ablehnenden Juden herabsahen – sie vollzogen gleichzeitig überraschenderweise einen Akt größter Hochachtung gegenüber den Juden, der späteren Christen bis heute manchmal unangenehm war und übertrieben vorkam: sie ließen sich von den Juden deren Bibel als heiliges Buch, als Offenbarungsbuch, als Zeugnis von Gottes Reden und Handeln übergeben, uneingeschränkt, ohne Korrektur, pauschal und komplett – so, wie die jüdischen Autoritäten es soeben zusammengestellt und endgültig fixiert hatten: die heilige Schrift, von den Christen nun das Alte Testament genannt.

Und diese Schrift enthält merkwürdigerweise unter anderem auch eine Sammlung von Liebesliedern, ein richtiges Geturtele zwischen zwei jungen Leuten verschiedenen Geschlechts, in dem nur ein einziges Mal, nur ganz formelhaft, das Wort »*Gott*« vorkommt (8,6). Wie sollte es auch! In den Liebesgedichten, die wir in jungen Jahren verbrochen haben, ist es meist auch nicht vorgekommen – und das wird uns wohl niemand, auch unser Vater im Himmel nicht, zum Vorwurf machen. Nur eben: unsere Liebesgedichte und ebensowenig die viel besseren von Goethe und Mörike und Rilke nehmen wir ja auch nicht in die Bibel auf, sondern lassen sie schön an ihrem Ort als Menschenwort außerhalb des Gotteswortes, als Zeugnis von *unseren* Herzen, nicht vom Herzen *Gottes*. Salomos Liebeslieder aber stehen nun einmal drin in der graphe, und darum war von Anfang an die Frage unausweichlich: Wie soll die christliche Gemeinde sie lesen, als Zeugnis von Gottes Herzen oder als Zeugnis von den Herzen zweier junger verliebter Menschen? Und wie soll sie die Rede von der Liebe da und dort, da im neutestamentlichen Hohenlied der Liebe, 1. Korinther 13, und dort im alttestamentlichen Hohenlied zusammenbringen? Ist an beiden Stellen das Wort »Liebe« im gleichen Sinne verwendet, für die gleiche Sache, für die gleiche Art von Liebe oder je für eine ganz verschiedene Art? Da es nun eben doch mal so ist, daß wir im Deutschen, aber auch in vielen anderen Sprachen mit diesem gleichen Wort »Liebe« sehr Verschiedenes bezeichnen: Gottes Liebe zu seinen Geschöpfen, Jesu Liebe zu den Seinen, die Liebe der Mutter zu ihrem Kind – und zugleich »sich lieben« im sexuellen Sinne, im gleichen Sinn wie »miteinander schlafen«, also für den Geschlechtsakt.

Entweder: hier und dort ist die gleiche Art von Liebe gemeint, *oder:* hier und dort eine verschiedene, hier die göttliche und dort die zwischenmenschliche, und wenn letzteres, wie verhalten sich dann die beiden Arten zueinander?

Allegorische und historische Auslegung

Die Kirche folgte jahrhundertelang dem Beispiel der Juden, von denen sie die graphe empfangen hatte, und entschied sich für die erste Möglichkeit: Beide Male ist die gleiche Art von Liebe gemeint, die *göttliche Liebe;* die beiden Partner, die hier gegenseitig ihre Liebe sich kundtun, sind Gott und Mensch, und die Liebe, die sie sich kundtun, ist die göttliche zu nennen, nämlich die vorausgehende Liebe Gottes zum Menschen und die durch diese Gottesliebe erweckte Liebe des Menschen zu Gott. Also: die gegenseitige Liebesbeziehung zwischen Gott und Mensch ist das Thema des Hohenliedes.

Nur der Partner auf der menschlichen Seite wurde beim Übergang von der jüdischen zur christlichen Seite ausgewechselt. Ging es bei den Juden um den Liebesbund zwischen Gott und Israel, so geht es nun christlich um den Liebesbund zwischen Gott und dem neuen Israel, der Kirche. Das ist die grundlegende Vorstellung. Sie konnte noch variiert werden. Der das neue Gottesvolk liebende Gott ist ja Gott in Christus. So konnte statt von Gott auch von Christus gesprochen werden, und an die Stelle der Kirche konnte als ihr Urbild die Mutter Maria treten. Oder an die Stelle des Kollektivs Kirche konnte das menschliche Individuum treten, die gläubige Seele; sie ist dann statt der Kirche die Braut, die mit Christus, ihrem Bräutigam, Liebesworte wechselt. In immer neuen Abwandlungen haben die Kirchenväter, die mittelalterlichen Theologen, die in Christusmystik verzückten Non-

nen in ihren Klöstern den Wendungen des Liebesge-
sprächs im Hohenlied nachgesonnen, ihre eigene Frömmigkeit (auch freilich ihre unterdrückte Sexualität) in
diese Lieder hineingegossen und hineingelesen; und bis in
das Gespräch zwischen Gott und der frommen Seele in
den Liedern von Tersteegen und Zinzendorf und Gott-
fried Arnold war das Hohelied der Text für diese Melo-
dien der christlichen Mystik auch im Bereich der
evangelischen Frömmigkeit.

Man nennt diese Auslegungsweise die *allegorische*, d. h.
die »anderslesende«. Das bedeutet: der Leser soll wissen,
daß er anstelle der Gegenstände, Personen und Vorgän-
ge, von denen im Wortlaut des Textes die Rede ist, andere
Realitäten einsetzen muß, diejenigen, die *eigentlich* gemeint sind. Ein allegorisch zu lesender Text ist also ein
chiffrierter Text, und um ihn richtig zu verstehen, muß
man ihn entschlüsseln und braucht dazu den Schlüssel:
d. h. die Kenntnis der *eigentlichen* Bedeutung der vor-
kommenden Worte. Allegorische Rede benützen wir öf-
ter, als wir meinen, z. B. in der kirchlichen Sprache, wenn
wir »Jerusalem, du hochgebaute Stadt« singen oder »Wie
schön leuchtet der Morgenstern«, ebenso in der Liebes-
sprache, z. B. hier im Hohenlied, wenn die Geliebte ein
Garten genannt wird, oder bei allerlei erotischen Anspie-
lungen, wo man, um richtig zu verstehen, den Wortlaut
uneigentlich nehmen muß: die vordergründigen Bilder
sind Hinweise auf das Hintergründig-Eigentliche – in
unserem Fall: im Vordergrund sind es menschliche Liebeslieder; ihre *eigentliche* Bedeutung aber liegt jenseits
von ihnen: hier hören wir das Zwiegespräch der göttlichen Liebesbeziehung.

Diese allegorische Textauffassung gehört in eine große
Weltsicht hinein, die Jahrtausende die Geister in Ost und

West beherrscht hat und uns neuzeitlichen Menschen sehr fremd geworden ist: die Weltsicht der *Entsprechungen*.

Wesentlich für sie ist: der sichtbaren, sinnlich erfaßbaren Welt samt unserem irdischen Leben in ihr entspricht eine höhere, geistige Welt. Diese ist das eigentlich Wirkliche, und was wir Neuzeitler gewöhnlich für das Reale halten, ist nur Abbild, Vordergrund, Scheinbild der eigentlichen Realität. Die materielle Wirklichkeit muß durch diese Sicht nicht gänzlich entwertet werden; sie kann ihre Wichtigkeit behalten, sofern sie dank der Beziehung der Entsprechung, in der sie zur eigentlich wirklichen, höheren, geistigen Welt steht, zum Mittel der Erkenntnis der geistigen Welt (als Abbild für das Urbild) werden kann und zum Mittel der Darstellung der geistigen Welt für uns sinnengebundene Menschen. Rein geistige Wesen (Engel) bedürfen nicht der Allegorie, um miteinander über die höheren, die eigentlich wirklichen Dinge zu reden; wir Menschen als irdische Wesen aber bedürfen ihrer; nur durch Sinnliches können wir Geistiges ausdrücken, und deshalb müssen wir froh sein, daß diese Entsprechungsbeziehung zwischen dem Sinnlichen und dem Geistigen besteht. Wer sie kennt, der wird das Sinnliche weder über- noch unterschätzen: weder *überschätzen* als das allein oder auch nur hauptsächlich Reale noch *unterschätzen* als das Nichtige oder gar Verwerfliche, sondern schätzen im richtigen Maß als das Abbildliche, durch das hindurch wir das Urbild erkennen, und mit dessen Hilfe wir als irdische Menschen die urbildliche Wirklichkeit auszudrücken vermögen.

Man muß also ein mit geistigem Wissen erfüllter Mensch sein, um die *Bibel* richtig lesen zu können. *Augustin* erzählt in seinen Confessiones, welche Befreiung es für ihn gewesen ist, die allegorische Auslegung der Bibel kennen zu lernen. Vorher hatte er, der in Platons Philosophie gebildete Mensch, Anstoß genommen an der grob sinnlichen, allzu materialistischen Weise, in der besonders im Alten Testament von göttlichen Dingen, von Gottes Handeln in Schöpfung und Geschichte geredet wird. Ein Beispiel dafür ist das Hohelied: Was tut eine Sammlung von Liedern, in denen zwei Verliebte sich gegenseitig einladen, miteinander zu schlafen, im Buch der göttlichen Offenbarung? Für Augustins philosophische Gesprächspartner, die Vertreter des hohen Idealismus der antiken Philosophie, waren solche Stellen in der Bibel ein Beweis für die Minderwertigkeit der jüdischen und christlichen Religion. Die allegorische Auslegungsmethode half Augustin und allen damaligen christlichen Theologen, diese Anstöße zu beseitigen und den Philosophen die hohe Geistigkeit der biblischen Rede von Gott zu beweisen, und deshalb hat sich seit *Origenes* (gestorben 253/254 n. Chr.) die allegorische Auslegung des Hohenliedes allgemein durchgesetzt. Mit ihr konnte man das Hohelied als Teil des biblischen Kanons legitimieren. Selbst wenn man diesen Auslegern die Behauptung der heutigen Wissenschaft vorhielte, daß diese Lieder ursprünglich zu einem ganz anderen Zwecke gedichtet worden seien, nämlich zum Ausdruck einer rein menschlichen, noch dazu geschlechtlichen Liebe, so würde sie das nicht stören: In den *Kanon* gehören sie nur, weil sie auch tauglich sind, gelesen zu werden als Liebesgespräch zwischen Gott und Israel, Gott und der Kirche, Christus und Maria, Gott und der Seele. Wer sie als Teil der Bibel nur wörtlich verstehen will, der verrät, daß er von geistigen Dingen nichts weiß; er verrät seinen sensus carnalis (fleischlichen Sinn).

Diesen »fleischlichen Sinn« haben die christlichen Theologen im Mittelalter gerade den Juden vorgeworfen. Denn diese legten zwar das Hohelied – wie gesagt – auch allegorisch aus. Aber bei anderen Stellen des Alten Testamentes, die die Christen auf Christus, auf die Menschwerdung Gottes und auf das jenseitige Reich Gottes bezogen, also als Weissagungen auf Christus verstanden und darum allegorisch auslegten (z. B. David, die Königspsalmen, die Immanuel-Stelle in Jesaja 7, Jerusalem, Zion, das gelobte Land und alles, was die Propheten vom Königreich Gottes sagten), beharrten die Juden auf dem *sensus literalis et historicus* (dem buchstäblichen und historischen Auslegungssinn) und bestritten die von den Christen behauptete eigentliche, hintergründige höhere Bedeutung auf Christus hin.

Luther hat sich dann – und das war eine revolutionäre Tat – dieser jüdischen Auffassung angeschlossen und den *sensus literalis* als den *eigentlichen* Wortsinn der Bibel verstanden. Das hat natürlich große Folgen. Damit hat er das Bibelverständnis aus jenem *idealistischen* Zusammenhang herausgeführt und gelehrt, unsere leibliche Welt als Gottes Schöpfung ernst zu nehmen. Corpus est de Deo (der Leib ist von Gott); unser leibliches Sein ist Gott nicht ferner und niedriger, und unser geistiges Sein ist Gott nicht näher und höher; beides ist unser geschöpfliches Sein, und beides ist gleich unterschieden von Gott im unendlichen Abstand des Geschöpfes vom Schöpfer, und beidem ist Gott gleich nahe; beides lebt in gleicher Weise von Gottes Gegenwart. Da gibt es nichts Niedrigeres und Höheres, und mit den nach idealistischer Meinung niedrigsten leiblichen Vorgängen, mit Verdauung und Geschlechtlichkeit, hat Gott ebenso viel zu tun wie mit unseren höchsten Gedanken. Er ist, wie Luther sagt, im Darm einer Maus ebenso gegenwärtig wie in unserem Geiste.

Damit hat Luther innerhalb der christlichen Theologie die Tür aufgestoßen für die moderne, die sogenannte *historisch-kritische* Auslegung der Bibel, die nach dem sensus literalis fragt, und diese Auslegung zeigt uns nun das Hohelied als Sammlung menschlicher Liebeslieder, die gar sehr und ganz allein von »fleischlicher Liebe« handeln. Gehören sie dann in den Kanon, in das Buch der Offenbarung von Gottes Handeln mit uns Menschen?

Wer diese Frage aufwirft, braucht sich nicht gleich verdächtigen zu lassen, er sei ein Sex-Muffel und halte Liebeslieder für eine Sünde. Die Bibel redet bekanntlich an einigen Stellen sehr drastisch von sexuellen Dingen. Nicht ob so etwas in die Bibel paßt, ist die Frage, sondern ob es in der Bibel nicht überflüssig sei. Liebeslieder kann ich sonst genug haben, dazu brauche ich keine Bibel. Enthält das Hohelied also nichts als weltliche Liebeslieder, dann ist es nur durch den allegorischen Irrtum in die Bibel gekommen, und wir können es, da wir keine allegorische Auslegung mehr treiben, getrost aus der Bibel entfernen. Stimmt das? Oder sollen wir statt dessen davon ausgehen, daß bei der Bibel, wie wir sie haben, Gottes Fügung und Fürsorge für sein Volk mitgewirkt hat? Wenn wir das hoffen dürfen, dann müssen wir, bevor wir das Hohelied aus der Bibel streichen, erst innehalten und fragen: Können wir vielleicht doch etwas lernen gerade aus der Tatsache, daß in der Bibel diese Liebeslieder enthalten sind – und zwar sowohl über die irdische Liebe, den Sexus und den Eros, wie auch über das Verhältnis zwischen irdischer und göttlicher Liebe, zwischen Eros und Agape?

Bevor wir aber dazu übergehen, sei nicht versäumt, noch

etwas Positives zur allegorischen Deutung des Hohenliedes zu sagen. Dazu sind wir gerade frei, wenn die Allegorese nicht mehr eine Form der Verdrängung der Sexualität ist, nicht mehr ein Ausdruck dafür, daß wir uns ihrer schämen und sie wegbannen aus dem Bereich der Gottesgemeinschaft. Wenn wir nicht mehr bestreiten, daß es sich hier um ein glühendes menschliches Liebesgespräch handelt, und zwar nicht nur im historischen Ursprung, sondern daß auch jetzt noch das Hohelied von uns so gehört und ernst – und damit auch fröhlich! – genommen werden will, dann gerade kann es uns als etwas Herrliches erscheinen, daß eben solch heiß-brünstige Liebesgesänge als Gleichnis genommen werden konnten für das Hin und Her der Liebe zwischen dem liebenden Gott und dem zur Gegenliebe erweckten Menschen Das gibt ein Leuchten nach beiden Seiten hin: so schön, so frei, so wenig verworfen ist die Glut der sinnlichen Liebe, daß ihre flammende Sprache der göttlichen Liebe die Sprache leihen kann. Und so blutvoll, so wenig entsinnlicht, so leidenschaftlich und hinreißend kann Gottesgemeinschaft erfahren werden, daß sie in der blutvollsten menschlichen Sprache, in der Sprache der Liebesverzückung die ihr gemäßeste Sprache zu finden weiß.

Deshalb kann hier keine Deutung mit der anderen konkurrieren. Richten wir jetzt unsere Überlegungen auf das, was das Hohelied in historischer Deutung zu sagen hat, so ist damit die allegorische, die für Juden und Christen jahrhundertelang im Vordergrund stand, nicht abgelehnt und nicht überholt. Omnis locus scripturae est infinitae intelligentiae, sagt Luther (WA 4,318 f); »jede Stelle der Schrift ist von unendlicher, unerschöpflicher Einsicht; darum, was du erkennst, mache nicht hochmütig geltend; bestreite nicht einem anderen seine Einsicht und wehre ihn nicht ab! Denn es sind Zeugnisse, und jener sieht vielleicht, was du nicht siehst ... So ist immer voranzuschreiten in der Erkenntnis der Schrift«.

Das Nebeneinander von historisch-menschlicher und allegorischer Deutung kann uns ein Hinweis sein auf die Mehr-Dimensionalität des biblischen Wortes: alles steht hier in mehrfachem Bezug, im horizontalen wie im vertikalen; alles bewegt sich zwischen Mensch und Mensch und zugleich zwischen Gott und Mensch, und deshalb tut sich hinter allem, was wir schon verstanden haben, immer noch eine neue Dimension von Bedeutung auf. *Bonhoeffer* hat das einmal in einem Gefängnisbrief (vom 20. 5. 1944) mit dem musikalischen Vergleich von cantus firmus und Kontrapunkt dargestellt:

»Es ist nun aber die Gefahr in aller starken erotischen Liebe, daß man über ihr – ich möchte sagen: die Polyphonie des Lebens verliert. Ich meine dies: Gott und seine Ewigkeit will von ganzem Herzen geliebt sein, nicht so, daß darunter die irdische Liebe beeinträchtigt oder geschwächt würde, aber gewissermaßen als cantus firmus, zu dem die anderen Stimmen des Lebens als Kontrapunkt erklingen; eines dieser kontrapunktischen Themen, die ihre volle *Selbständigkeit* (von Bonhoeffer unterstrichen) haben, aber doch auf den cantus firmus bezogen sind, ist die irdische Liebe, und auch in der Bibel steht ja das Hohelied, und es ist wirklich keine heißere, sinnlichere, glühendere Liebe denkbar als die, von der dort gesprochen wird (cf. 7,6!); es ist wirklich gut, daß es in der Bibel steht, all denen gegenüber, die das Christliche in der Temperierung der Leidenschaften sehen (wo gibt es solche Temperierung überhaupt im Alten Testament?). Wo der cantus firmus klar und deutlich ist, kann sich der Kontrapunkt so gewaltig entfalten wie nur möglich. Beide sind ›ungetrennt und doch geschieden‹, um mit dem Chalcedonense zu reden, wie in Christus seine göttliche und seine menschliche Natur«.

Ja zur geschlechtlichen Liebe

Dietrich *Bonhoeffer* schreibt am 2.6.1944 in einem anderen Brief aus dem Gefängnis (»Widerstand und Ergebung«, Neuausgabe 1970, 345): »Über das Hohelied schreibe ich Dir nach Italien. Ich möchte es tatsächlich als irdisches Liebeslied lesen. Das ist wahrscheinlich die beste ›christologische‹ Auslegung« – besser also als die allegorische Deutung auf Christus. Was mag er damit gemeint haben? Am Ende wird uns das hoffentlich verständlicher sein.

Zuerst etwas ganz Allgemeines: Die große Gabe, die Gott uns mit der modernen historisch-kritischen Schriftforschung macht, zeigt sich gerade beim Hohenlied. Denn wenn es sich hier wirklich schlicht um menschliche Geschlechtsliebe handelt, dann ist eine solche Sammlung als Buch der *Bibel* die Aufforderung an die Kirche und die Christen, endlich einmal ein unbefangenes Verhältnis zum Sexus und Eros zu gewinnen, und »unbefangen« heißt hier: *sich freuen, daß es das gibt*: diese Lust – eine der mächtigsten und herrlichsten Empfindungen – ist ein wunderbares Geschenk des Schöpfers. »Schaut her«, sagt die Bibel, »hört ihnen zu, diesen zwei Verliebten, wie sie sich aneinander freuen, jeder am andersartigen Leib des anderen – wie sie sich verzückt betrachten, nackt und bloß, von oben bis unten – wie sie sich sehnen nach der nächtlichen Umarmung und Vereinigung, Adam und Eva im Paradies, ohne Scham, Glück des Geschlechts – so ist es gemeint:›und er schuf sie, einen Mann und ein Weib‹.

Wie konntet ihr nur darauf verfallen, dies für sündig zu halten, Sinnlichkeit mit Unsittlichkeit gleichzusetzen? Schaut, wie bei den beiden alle Sinne beteiligt sind: sehen, hören, riechen, schmecken, betasten! Diese Sinnlichkeit ist die Sittlichkeit ihrer Liebe; denn es ist die gottgewollte Liebe, gerade so eine ganz menschliche, dem Menschen zugedachte Liebe. Nicht entfernt etwas Untermenschliches, etwas Tierisches, ein ›Erdenrest zu tragen peinlich‹ für euch Menschen, als solltet ihr danach streben, reine Geistwesen zu werden. Nichts ist so untierisch wie gerade die menschliche Sexualität: nicht an Brunstzeiten gebunden, nicht nur der Fortpflanzung der Gattung dienend, nicht auf den dafür bestimmten Genitalverkehr sich beschränkend, sondern den ganzen Menschen umfassend, jeder ganz auf den Geschlechtspartner hingewiesen und ihm zugewiesen. Als Mann und Frau seid ihr tiefer verschieden als Hengst und Stute und gerade in dieser Verschiedenheit ganz aufeinander bezogen, leiblich füreinander da – keiner ist Mensch ohne den anderen, erst zusammen seid ihr ganz Mensch, und das Liebesspiel der Leiber und die leibliche Vereinigung ist zugleich Symbol *und* Vollzug eurer totalen Zusammengehörigkeit, eures gänzlichen Angewiesenseins aufeinander.« Alles kommt darauf an, dem nicht auszuweichen: wir erleben hier die Feier der sinnlichen Liebe, nichts anderes!
1. Die beiden sind nicht fromm; sie denken nicht an Gott, nur an ihre Liebe, gänzlich unreligiös. Hätten sie in jener Zeit religiös von ihrer Liebe gesungen, so hätte das ganz anders geklungen. In den Völkern um Israel her spielte die Verbindung von Religion und Sexualität eine große Rolle. Im Koitus vollzog sich göttliche Befruchtung. Die Liebe der Götter und Göttinnen war das Urbild der Liebe von Mann und Frau. Israels Gott aber

steht jenseits der Geschlechtlichkeit; er ist weder Mann noch Frau. Für »Göttin« gibt es im Hebräischen nicht einmal ein Wort. Sexus und Eros sind rein menschliche Angelegenheiten. Die unreligiöse Weise des Hohenliedes ist etwas Einzigartiges in der orientalischen Welt. »Daß ein ganzer Lebensbereich, der von den Nachbarreligionen als ein sakrales Mysterium und ein gottheitliches Geschehen betrachtet wurde, hier in einer völlig entmythisierten Gestalt erscheint, ist eine theologische Leistung von höchster Bedeutung« (Gerleman, 84).

»Theologisch« heißt hier: Der biblische Glaube macht die Welt wirklich zur Welt, zur nicht-göttlichen Kreatur. *Weil* Gottes Schöpfergüte ihm gegenwärtig ist, darf das Geschöpf sich seines Lebens freuen so, wie es ist. Damit man Ja zum Leben sagen kann, muß es nicht erst religiös überhöht, ins Göttliche hinaufgesteigert werden. Gott freut sich des Lebens seiner Geschöpfe, und daraufhin dürfen und sollen auch sie sich ihres Lebens freuen. Diese Folge des Gottesbundes war Israel gerade in der Zeit klar geworden, die man die salomonische Aufklärung, den salomonischen Humanismus nennt: eine Zeit, in der den Menschen in Israel das menschliche Leben und die Natur interessant werden; sie betrachten die weltlichen Dinge auffallend modern, unreligiös, ohne sie mit Göttlichem zu vermischen, ganz profan. Das Hohelied muß nicht von Salomo gedichtet sein; aber sein Dichter verrät diese Atmosphäre seiner Zeit in der Art, wie er die beiden Liebenden sprechen läßt von nichts als von ihrer Liebe und von dieser als einer ganz menschlichen, leiblichen, sinnlichen.

2. Darum auch keine Fabeleien von einer »reinen« Liebe, rein geistig, als wäre das eine höhere Form von Liebe! Die Liebe dieser beiden ist keineswegs »rein«,

nämlich rein von sexuellem Verlangen, im Gegenteil: sie sind voll davon und sehnen sich nur danach, miteinander ins Bett gehen zu können. »Ich bin krank vor Liebe«, gestehen sie sich gegenseitig (2,5; 5,8). Wir sehen ihn fensterln vor dem Schlafzimmer der Geliebten (5,2-6), und er schwärmt sie an: »Dein Nabel ist wie eine runde Schale; möge der Wein dafür nicht fehlen!« (7,3). Sie ist begeistert von seinen Schenkeln, die wie Alabaster sind (5,15), und ruft ihm zweimal zu: »Bis sich der Tag entfacht und die Schatten entweichen – liebe mich sanft wie eine Gazelle oder gewaltsam wie ein junger Berghirsch!« (2,17; 8,14) – dies ausgerechnet die letzten Worte des Hohenliedes!

3. Damit das nicht ganz unmoralisch wird, fand man den Ausweg, es als Gespräch von Ehegatten anzusehen, eine Rühmung der ehelichen Liebe. Aber nichts deutet an, daß die zwei verheiratet sind; im Gegenteil: weil sie es *nicht* sind, sehnen sie sich nach Plätzen, an denen sie ungestört miteinander schlafen können (7,12 f; 8,1 f).

4. Als rettender Engel für dieses Moralproblem kam ein deutscher Konsul, namens Wetzstein, der gegen Ende des vorigen Jahrhunderts Beobachtungen über orientalische Hochzeitsbräuche mitteilte, über die Spiel- und Tanzgesänge bei den vieltägigen Hochzeitsfesten in Syrien und Ägypten. Nun konnte man das Hohelied sich denken als Text für ein solches Fest: einzelne Sänger im Wechsel mit dem Chor stellen die Liebe dar, die das Paar erfüllt, das nun bald die ehelichen Freuden genießen darf. Aber auch das ist Phantasie zur Rettung der Moral. Denn nirgends wird auf die bevorstehende eheliche Verbindung und nirgends auf Hochzeit angespielt, und daß er sie einmal als seine »Braut« bezeichnet (4,8-10), ist sicher nicht mehr als ein Kosetitel. Es hilft nichts, die beiden lieben

sich und schlafen miteinander, ohne daß irgendjemand es ihnen erlaubt hat, ohne Standesamt und Traualtar – und so was in der Bibel!

5. Damit ist uns auch die letzte Möglichkeit moralischer Ehrenrettung verbaut, die »biologische«, d. h. zu meinen, die zwei wollten ein Kind haben oder seien wenigstens bereit dazu. Sex und Fortpflanzung sind hier vielmehr so getrennt, wie es für »Liebe ohne Angst« heute erst die Pille möglich gemacht hat. Mit keinem Worte wird im Hohenlied daran gedacht, daß Miteinander-Schlafen noch einen anderen Zweck haben könnte als nur den einen des Lustgewinns für die beiden Beteiligten. Welten liegen zwischen dem Hohenlied und jenem Satz in der Vatikanischen Erklärung zur Sexualethik vom 12. 1. 1976: nur durch seine Funktion für die Fortpflanzung erhalte der Geschlechtsakt seine »Ehrbarkeit« – ohne diesen Bezug sei er also etwas, dessen der Mensch sich schämen müsse. Die zwei Liebenden im Hohenlied denken nicht im Traum daran, sich zu schämen; sie halten die sexuelle Lust ganz unabhängig von ihrem biologischen Fortpflanzungszweck für etwas Wunderbares und singen das ohne Hemmung frei in die Welt hinaus. Ihre Liebe ist durch nichts legitimiert als durch ihre Liebe. Die Bibel wird im Hohenlied zur Verbündeten aller Liebenden, die für ihre Liebe keine andere Legitimation haben als ihre Liebe. Ihr »Rendezvous ist von keiner gesellschaftlichen Legalisierung geschützt, steht nur unter der Schirmherrschaft der Liebe und muß nach gemeinsam verbrachter Nacht mit dem schmerzlichen Abschied rechnen« (Gerleman, 120, zu 2,6). Und im gleichen Sinne Georges Crespy, 110 (vgl. mein Vorwort):

»Mit dem Hohenlied findet sich der Erotismus integriert

im biblischen Text ... Die Sexualität wird hier lyrisch, und die Mehrzahl der modernen Liebeslieder würde blaßgesichtig wirken neben diesem Lied, wenn es besser bekannt wäre. Aber die Legalität ist hier total abwesend, wogegen die Rassenmischung sich problemlos präsentiert: ›Ich bin schwarz, aber hübsch, ihr Töchter von Jerusalem‹ (1,5). Man versteht doppelt gut die Verbannung dieses Liedes aus den kirchlichen Agenden, zum mindesten aus denen für die Eheschließung. Nicht nur gibt es das Schauspiel einer Liebe, die reichlich wenig um Ehrbarkeit bemüht ist, sondern es etabliert auch in voller Ruhe die Priorität der Liebe über den Stammesregeln für Ehe (ja sogar über die Hochzeitsvorschriften) in einem sozial festgelegten Rahmen.«

Geschlechtliches Begehren – eine gute Gabe Gottes

Das Hohelied macht zur Testfrage für unsere Einstellung zur Sexualität die Frage: Wie haltet ihr es mit dem Recht der illegalen, der durch nichts anderes als nur durch sich selbst legitimierten Liebe? Die gleiche Frage ist durch die sogenannte »sexuelle Revolution« der überlieferten kirchlichen Sexualmoral gestellt. Die Jüngeren haben in den zwei letzten Jahrzehnten die Älteren in sehr revolutionärer Weise vor das Fait accompli ihrer freien Zweierbeziehungen gestellt. Die Jahrtausende alte Norm »Nur die legale Sexualität ist gottwohlgefällig, die illegale ist Unzucht und Sünde« ist von ihnen zum alten Eisen verbannt, und die Älteren mußten dieser Befreiung der Sexualität aus den Fesseln der Legalisierungsvorschriften ohnmächtig zusehen. Hierzu jetzt nur zweierlei:

1. Diese alte Norm ging aus von der Prämisse: An sich ist die Sexualität etwas Negatives, eine Fessel des Geistes nach unten, wenn nicht an sich sündig, so doch jedenfalls tierisch. Nach Auffassung der mittelalterlichen Theologie, aber auch noch Luthers, ist mit der sexuellen Lust die Weitergabe der Erbsünde von Generation zu Generation verbunden. Weil zugleich in seinen Wirkungen oft genug sehr destruktiv für geordnetes Zusammenleben (man denke an Rivalität und Eifersucht bis zum Mord!), war der Geschlechtstrieb vor allem Gegenstand der Überlegungen, wie man ihn dämpfen und kanalisieren und kontrollieren könne. Eben dazu mußte man ihn diffamieren und seine Betätigung auf kontrollierte Bereiche ein-

schränken. Dazu brauchte man die Religion, und die christliche Kirche machte hierbei eifrig mit, auch hier im Dienst der bestehenden Gesellschaftsordnung, die an der legalen Vererbung von Besitz und Privilegien interessiert war. Die Kirche half dazu, indem sie a) den Sexus diffamierte und b) als erlaubtes Betätigungsfeld für ihn die von ihr kontrollierte Zweierbeziehung, genannt Ehe, anbot als remedium peccati (Heilmittel für die Sünde) und als Gelegenheit, legale, d. h. erbberechtigte Nachkommen zu zeugen. Mit diesem Dienst für die bestehende Gesellschaftsordnung sicherte sich die Kirche zugleich ihre eigene Herrschaft; denn die Diffamierung eines so kräftigen Naturtriebes mußte natürlich lebhafte Schuldgefühle erzeugen, die die Menschen in die Beichtstühle trieb. Für die Stillung dieser Schuldgefühle war allein die Kirche durch das Sakrament der Absolution zuständig, darum unentbehrlich und bekam so ein unschlagbares Mittel der Beherrschung und Kontrolle der Seelen und auch der Köpfe. Der herrschenden Gesellschaft konnte das nur recht sein; denn die mit diesen Mitteln herrschende Kirche erzog die Menschen zur Untertänigkeit, zur Bejahung des Herrschaftssystems, und so wusch eine Hand die andere.

So düster vieles in der heutigen Zeit ist – die Entdeckung des Hohenliedes könnte ein Anlaß sein zu finden, daß wir in einer Zeit voll von neuen und positiven Möglichkeiten leben, z. B. eben dieser: der Bann der alten kirchlichen Sexualmoral ist gebrochen, ebenso die Filzokratie von Kirche und Gesellschaftsmächten, und durch das Hohelied sagt die Bibel Ja dazu! Darum:

2. Wenn in der Geschichte alte Fehlentwicklungen erkannt und verlassen werden, so bieten sich zwar neue, bessere Möglichkeiten an; damit kommt aber noch nicht

das Reich Gottes. D. h. die *Jüngeren* heute lassen zwar jahrhundertealte Probleme und Verkrampfungen und Heucheleien hinter sich, aber sie handeln sich, wie heute schon am Tage ist, mit der neuen Freiheit auch neue Probleme ein. Was kann zu deren Bewältigung das Hohelied beitragen? Zuerst die Aufforderung an die *Älteren,* d. h. an alle, die noch in der Erbschaft der traditionellen Auffassung von der Sexualität mit all ihren Abers und Vorbehalten und Ängsten und Vorschriften stehen: Irgend etwas Hilfreiches für euch selbst und für die Jüngeren könnt ihr nur dann sagen und tun, wenn ihr forthin mit dem Ja anfangt und nicht mehr mit dem Nein, auch nicht gleich dem Ja das Aber folgen laßt: »*Ja,* wir sehen ja ein, daß es sich hier nicht um Sündiges, sondern um Schöpfung handelt, *aber* es ist doch etwas sehr Gefährliches, und man kann da doch nicht einfach alles gutheißen, und man muß doch für eine strenge Ordnung sorgen, und das sechste Gebot muß doch wieder eingeschärft werden« usw. Hinter diesem Ja–Aber steht jener heimliche Hader mit Gott, der die ganze traditionelle Sexualethik durchzieht: eigentlich hätte der liebe Gott die Fortpflanzung der Menschheit doch auf eine weniger unanständige und weniger leidenschaftliche Weise vor sich gehen lassen können; wären wir Schöpfer, wir hätten das besser gemacht. Weil es nun aber von Gott so eingerichtet ist, müssen wir sehen, wenigstens Schlimmeres zu verhüten, indem wir die Sexualität in die Regie unserer Normierung und Legalisierung nehmen. Das Fazit der Erziehung in diesem Geiste sprach eine mir bekannte Frau aus, als sie zu ihrer Tochter vor deren Hochzeit sagte: »Wenn man einen Mann liebt, erträgt man auch das!«

Die Sexualität ist in uns hineingelegt, nicht damit wir sie

in Respekt vor dem unerforschlichen, aber unerfreulichen Ratschluß des Schöpfers ertragen, sondern damit wir sie als einen herrlichen und spezifisch menschlichen Reichtum unseres Lebens erkennen.

Appetitus ad mulierem est bonum donum Dei (das Begehren nach der Frau ist gutes Geschenk Gottes) – so *Luther!* Freilich ist bezeichnend, daß Luther als Mann hier nur vom männlichen Begehren spricht; die züchtige Frau hatte zu tun, als habe sie kein derartiges Begehren, sondern erfülle nur aus Liebe die eheliche Pflicht. Im Hohenlied spricht die Frau dem Manne ganz ebenbürtig, auch und gerade darin, daß sie Verlangen und Lust ebenso offen ausspricht wie der Mann!

Hier »erklingt«, wie Karl *Barth* (Kirchliche Dogmatik III/2, 355) schreibt, »eine Stimme . . ., die man in Gen. 2 noch vermissen könnte, nämlich die Stimme der Frau, die dem Mann mit nicht weniger Schmerz und Freude entgegensieht und entgegengeht als er ihr, und die in nicht geringerer Freiheit – es fehlt nur das ›Dieser nun endlich!‹ – ihn entdeckt, wie sie von ihm entdeckt wird«.

Orientierungshilfen
zur Ordnung der Liebe

Was kann das Hohelied, das Lied einer nichtlegalisierten Liebe, denen sagen, für die der Unterschied zwischen legaler und illegaler Liebe und die Diskriminierung der illegalen Liebe hinfällig geworden sind? Wenn sie es genau lesen, werden sie es nicht lesen als einen Freibrief zum unbekümmerten Ausleben der Sexualität; sie werden hier einige Orientierungen finden für das Leben in der heutigen Freiheit. Denn daß in dieser Freiheit die Liebe nicht nur sich entfalten, sondern auch beschädigt werden kann, das erfahren sie ja schon deutlich genug. Die *alten Orientierungen* bestanden in den Legalisierungen und Diskriminierungen – sie sind vergangen, und es wäre nicht gut, sie aus Angst und in Flucht vor der Freiheit wieder neu zu etablieren. Ihr *Wahrheitsmoment* aber war, daß auch das Leben der Liebe und die Entfaltung der Sexualität nach einer *Ordnung* verlangt, ohne die es nur zu einer Scheinentfaltung kommt, die in Wirklichkeit Verkümmerung ist. Elemente einer solchen Ordnung, einer nicht mehr repressiven, sondern evangelisch-freien Ordnung, sind im Hohenlied sichtbar – gerade wegen seiner konzessionslos-freien Unbekümmertheit um alle legalen Regeln.

1. Auffallend ist, wie schon gesagt, die vollkommene Ebenbürtigkeit der *Frau*. In der arabischen Liebeslyrik haben wir genug Lieder, in denen der liebende Mann die Schönheit der Geliebten beschreibt und bewundert. Ungewöhnlich aber ist das Gleiche aus dem Mund der

liebenden Frau (5,10.16). Es ist bezeichnend und nicht zufällig, daß das Hohelied *beginnt* mit der heißen Liebes-äußerung des Mädchens: »Ich dürste. O stille meinen Durst mit den Küssen deines Mundes!« (1,2). In der sexuellen Freiheit unserer Tage ist die Gleichberechti-gung der Frau erst juristisch und formal erreicht. Immer noch und oft genug sind Mädchen nur die Gedrängten und Bedrängten – Skalpe für die Ruhmsucht der Jungen –, um ihrer Geltung willen mitmachen müssend, nicht aus freiem Willen und eigenem Gefühl.

2. Bei den zwei Liebenden des Hohenliedes wird das Begehren nie zur Pression; keiner setzt den anderen unter Druck. Der andere ist der ersehnte Partner, nicht das begehrte Mittel zur Sexualbefriedigung, allenfalls auch durch eine Puppe ersetzbar. Keine Verdinglichung zum Sexualobjekt findet hier statt. Alle Liebesrufe sind Appel-le an das freie Gefühl des Geliebten, Ausdruck der Hoff-nung, der andere werde gleichermaßen empfinden. Aus-geschlossen sind hier ebenso die Roheit der Vergewalti-gung wie die Raffinesse der Verführung – beides Metho-den, um den anderen zu dem zu bringen, was er von sich aus nicht will, und ihn zum Mittel für meinen Zweck und Willen zu machen. Begehren in Respektierung der Frei-heit und Ebenbürtigkeit des anderen läßt nur Hoffnung auf seine freie Liebesantwort zu und lehnt jede noch so feine Methode der Erpressung ab.

3. Es handelt sich um fleischliche, sinnliche, sexuelle Liebe, habe ich betont – gegen die Tendenz, das Hohelied durch Hineingeheimnissen einer »höheren« Liebe zu spi-ritualisieren und moralisch retten zu wollen. Nun aber muß hinzugefügt werden: diese Liebe ist zugleich ganz geistig – oder besser noch: bei ihr gibt es keine Trennung des Leiblichen und des Geistigen. Der Aufwand von

Geist im Ausdruck der Liebe, in der Kunstfertigkeit dieser Gedichte, in ihren Vergleichen um der bewundernden Anschauung willen zeigt die Geistigkeit dieser Liebe wie die Gerichtetheit auf die Person des Partners. Dieser Partner ist nicht der auswechselbare Repräsentant des anderen Geschlechts, also doch nur Sexualobjekt; er ist das nicht-auswechselbare einmalige *Du,* gerade *dieser* Vertreter des anderen Geschlechts und kein anderer. Nur diese Frau, nur dieser Mann wird geliebt: Wieviel königliche Frauen und »Mädchen ohne Zahl« auch dem König in seinem Harem zur Verfügung stehen – »*eine* ist meine Taube« (6,8 f), so bekennt er – und sie ist da nur für ihn, »den meine Seele liebt« (1,7; 3,2–4). Diese fleischliche Liebe ist ganz personhafte Liebe, und diese personhafte Liebe ist ganz fleischliche, sinnliche Liebe. Gerade die frühere Diffamierung des Sexus hat hier getrennt: auf der einen Seite die nur geistige Liebe, nur auf die Person gerichtet, auf der anderen Seite die nur fleischliche Triebbefriedigung mit dem andern als Mittel zum Zweck; und das wiederholt sich auch heute in wahlloser Promiskuität, ohne daß es zur Vertrautheit vom Du zum Du, zur Erlösung aus der Einsamkeit kommt. Darauf aber ist die Geschlechtsliebe gerichtet: auf das *Vertrautwerden* zweier Menschen in der *Ganzheit* der *leiblich-geistigen Begegnung.* Ob das Zusammensein und das Zusammenschlafen dahin tendiert, ist jedesmal die *Frage,* die mindestens als Frage dabei lebendig sein soll. Nicht als neues *repressives Verbot* ist das gemeint, nicht als eine Bedingung, ohne die man nicht darf; aber erst die Hoffnung, es entstehe mehr als nur das Vergnügen zweier Leiber, gibt dem Zusammensein die Möglichkeit der liebenden Freude und macht den Partner zum unverwechselbaren Du, der mein Leben bereichert und aus dem Egoismus herausführt. »Sag ihnen: Liebt euch, soviel ihr könnt, aber nicht, sooft ihr könnt!«, riet mir ein befreundeter Psychotherapeut, als ich mit ihm kürzlich über diese Bibelarbeit für den Kirchentag sprach.

4. »Ich bin meines Liebsten, und mein Liebster ist mein«, singt das Mädchen einmal (6,3), und ein anderes Mal umgekehrt: »Mein Liebster ist mein, und ich bin sein« (2,16), und schließlich: »Ein edler Wein, der meinem Geliebten leicht hinuntergleitet . . . bin ich für meinen Geliebten, und nach mir ist sein Verlangen« (7,10 f). Die Einheit und Ganzheit von sinnlicher und personaler Liebe besagt: Jeder findet seinen Reichtum nicht in sich selbst, sondern im anderen. Jeder will für den anderen die Quelle der Lust sein. Jeder hat seine Lust nur, indem er dem anderen zur Quelle der Lust wird. Jetzt ist die Verwendung des anderen zum Mittel für den Zweck der eigenen Lust ganz überwunden. Nicht als ob das Begehren nach dem anderen überwunden wäre! Es ist stark – aber es ist auch weise geworden, und das eben durch die Liebe. Der Egoismus – ich brauche den anderen für mich, für mein Glück – ist die Kraft des Eros; die Erkenntnis, ich werde nur glücklich durch das Glück des anderen, ist die Weisheit des Eros. Er weiß: Ich komme auf meine Rechnung nicht dann, *wenn* auch der andere, sondern nur dadurch, *daß* auch der andere auf seine Rechnung kommt. In dieser Weisheit ist jeder der beiden Liebenden im Hohenlied ganz für den anderen da, ganz nach dem anderen verlangend und zugleich ganz um den anderen besorgt. Wer nur an sich selbst und sein eigenes Glück denkt, dem entgeht der Reichtum, der hier verheißen ist. Weil aber dieser Reichtum im Zusammensein mit einem anderen Menschen in der Ganzheit der Person besteht, wächst mir eine Verantwortung für den anderen zu, die

sich auf seine Lusterfüllung bezieht, aber nicht auf sie beschränkt. Mit einem Menschen zusammen Glück zu finden – das ist von vornherein und immer mehr, als durch Dinge, auch z. B. durch Kunstwerke beglückt zu werden. Es ist mehr, weil es meine Einsamkeit aufhebt, und es ist riskanter und abenteuerlicher, weil ich diesen andern Menschen nie abtrennen kann von seinem übrigen Leben, auch nicht von seinen Sorgen und Lasten, mögen sie auch im Augenblick des Glücks vergessen sein und nicht zur Sprache kommen. Sexualität als zwischenmenschliche Beziehung bringt Menschen als Menschen zusammen und nicht nur als Dinge. Dasein für den anderen wird hier zur Bedingung eigenen Glücks. Dieses Dasein für den anderen macht den Sexus zum Eros, zur Liebe. Weil ich aber damit nicht nur einen Teil des anderen Menschen, sondern einen ganzen anderen Menschen zum Partner bekomme, gerät der Eros unvermeidlich, wie wir gleich sehen werden, in die Dimension der Agape, unter die kritische Frage der Agape. Daß Eros und Agape nicht im Gegensatz zueinander gesehen werden dürfen, sondern daß es gerade auf ihre Einheit ankommt, wird uns im Hohenlied auch dadurch angedeutet, daß gegen Ende dieser Sammlung ein Lied steht, in dem gerade christliche Agape von jeher sich ausgesprochen gefunden hat, und das doch unzweifelhaft hier als Gipfelaussage des Eros steht: »Lege mich wie ein Siegel auf dein Herz, wie ein Siegel auf deinen Arm! Denn Liebe ist stark wie der Tod und Leidenschaft unwiderstehlich wie das Totenreich. Ihre Glut ist feurig und eine Flamme des Herrn, so daß auch viele Wasser die Liebe nicht auslöschen und Ströme sie nicht ertränken können. Wenn einer alles Gut in seinem Hause um die Liebe geben wollte, so könnte das alles nicht genügen« (8,6–7).

Sexus – Eros – Agape

Eros ist mehr als Sexus – in doppeltem Sinne:

1. *Sexus* ist unser Geschlechtstrieb, hormonal bedingt. Er verlangt nach seiner Befriedigung, nach seiner »Entlastung« (Freud), und dafür ist ihm jedes Mittel recht, sei es die Selbstbefriedigung, sei es ein künstliches Mittel, sei es ein Tier oder ein anderer Mensch, und sei dieser andere Mensch durch brutale Vergewaltigung gezwungen oder mit seiner Zustimmung mitmachend. Erst wenn der andere als sinnlich-geistiger Partner und nicht nur als Befriedigungsmittel gesucht wird, wollen wir von *Eros* sprechen.

2. Nicht nur unsere Sexualität ist ein Gebiet unserer Selbstentfaltung. Auch auf anderen Gebieten unseres Lebens sprechen wir vom Eros, ohne daß die Sexualität dabei im Spiele sein muß (oder, wenn man mit Freud annimmt, sie sei doch überall mit im Spiele, dann nur auf »sublimierte«, sehr indirekte Weise): die Liebe zwischen Eltern und Kindern, geschwisterliche Liebe, Freundesliebe, Kameradschaft, der pädagogische Eros, der den echten Erzieher erfüllt, die Leidenschaft des Künstlers, des Wissenschaftlers, des Menschenführers, auch des echten Politikers – das alles sind Gestalten des menschlichen Eros. Von ihm sprechen wir im weiteren Sinne dann, wenn ein Tun von starkem Gefühl, von emotionaler Wärme und intensivem persönlichen Einsatz erfüllt ist – in engerem Sinne dann, wenn eine zwischenmenschliche Beziehung nicht nur von sachlichem Interesse (Ar-

beitsbeziehung, Pflicht oder Waren- und Leistungsaustausch) bestimmt ist, sondern darüber hinaus von persönlicher Sympathie, von Zuwendungen zur Person des anderen.

Diese Möglichkeit des Erotischen, d. h. der Steigerung unserer Lebensbeziehungen zu intensiver Teilnahme und Hingabe, gehört zur geschöpflichen Ausrüstung unseres Lebens für seine spezifisch menschliche Gestaltung und Entfaltung. Daß es mir im Eros immer auch um mich selbst geht, um die Erfüllung meines eigenen Sehnens und Bedürfens, und daß sich mein erotisches Sehnen auf das richtet, wovon ich mir Erfüllung verspreche, daß also Eros nach dem fragt, was für *mich* Wert hat, was *mir* als liebenswert erscheint, das macht den Eros keineswegs automatisch zum Ausdruck der Sünde, des sündigen Egoismus.

Nehmen wir ernst, daß in der Bibel der Eros so frei, vorbehaltlos und unverboten sich aussprechen darf wie im Hohenlied, dann ist von vornherein anzunehmen, daß das Verhältnis von Eros und Agape nicht als nur exklusives, sich gegenseitig ausschließendes gedacht werden darf. So aber hat es die reformatorische Theologie vom jungen Luther über Calvin bis zu Karl Barth (Kirchliche Dogmatik IV/2) gedacht, einseitig orientiert am Gebot der Nächstenliebe: »Du sollst deinen Nächsten lieben wie dich selbst!« Von Augustin an wurde das »wie dich selbst« in der katholischen Theologie verstanden als eine Anerkennung der Gleichberechtigung der Selbstliebe neben der Nächstenliebe. Die reformatorischen Theologen erkannten darin den Synkretismus der griechischen Rühmung des Eros mit dem biblischen Ruf zur Nächstenliebe und verstanden deshalb das »wie dich selbst« exklusiv: wie du bisher als alter Mensch um dich selbst kreistest, so darfst du nun als neuer Mensch, frei von dir selbst, kreisen um den Nächsten als um dein neues Zentrum. Darum gilt nicht mehr: et – et, nicht mehr: sowohl – als auch, sondern: aut – aut, entweder Eros oder Agape. Wie soll das aber in der Praxis durchführbar sein, da ja doch auch das Gebot der Selbsterhaltung zu Gottes Geboten gehört? Die »Selbstverleugnung«, das odium sui, wie Luther sagte, kann sich auf Jesu Worte berufen, daß der Jünger sich selbst und Vater und Mutter hassen muß um der Nachfolge Christi willen (Luk. 14,26). Aber dies kann nicht als erschöpfende Formel für das ganze Leben angesehen werden, sonst führte das in Krampf und Selbstbetrug und lauter schlechte Kompromisse. Jesu Wort gilt für zugespitzte Entscheidungssituationen, in die der Jünger allerdings immer wieder geraten wird: »Nehmen sie den Leib, Gut, Ehr, Kind und Weib . . .« In ihnen hat die Nachfolge, das Bekenntnis, der Nächste (kantisch: die Pflicht) die Priorität. Damit ist aber nicht aufgehoben, daß »Leib, Gut, Ehr, Kind und Weib« gute Gaben Gottes sind, mit Dank und Freude zu empfangen, und also auch legitime Gegenstände unseres Wünschens und Strebens und Erhaltens. So kommt es darauf an, dem Eros, dem Glückstreben, seinen legitimen Platz im Leben des Menschen, auch des neuen Menschen zu geben, und das hat wohl *Bonhoeffer* gemeint, wenn er aus dem Gefängnis schrieb, wir müßten lernen, alttestamentlich und erst von daher neutestamentlich zu denken (vgl. »Widerstand und Ergebung«, Briefe vom 2. Advent 1943; 30. 4. 1944; 20. 5. 1944; 27. 6. 1944; 28. 7. 1944). Diesen rechten Platz in unserem Leben bekommt der Eros a) dadurch, daß er weise wird. Seine Stärke ist auch seine Gefahr: egoistisch gehen wir über Leichen und machen den anderen zum bloßen Mittel für unseren Zweck.

Egoistisches Leben erntet, was es vermeiden will: Einsamkeit und Leere. Weise geworden erkennen wir den anderen als den uns reichmachenden Partner und dienen seinem Glück – und nur dadurch werden wir glücklich.

b) Der Eros darf sein, wenn er von der Agape umfaßt wird, wenn sie ihn regiert und auch begrenzt, statt daß er sie verdrängt und sich absolut setzt.

Was aber ist dann die Agape? Wie unterscheidet sie sich vom Eros? Wie ist es überhaupt zu diesen beiden verschiedenen Begriffen im Griechischen gekommen, die wir nur durch Umschreibungen nachbilden können, da wir im Deutschen (wie im Hebräischen!) nur das *eine* Wort »Liebe« haben, das so sehr Verschiedenes bedeuten kann?

Die reformatorische Entgegensetzung will einem freilich sehr auffallenden Tatbestand im Neuen Testament gerecht werden. In der antiken Philosophie spielen die Worte »eros« und »eran« eine große Rolle: sie bezeichnen das menschliche Streben nach immer größerer Lebenserfüllung im sexuellen wie im religiösen Bereich, das Streben nach dem, was unserem Begehren Erfüllung verspricht, nach dem Geschlechtspartner ebenso wie nach dem Göttlichen. Auffallend ist nun: Im neutestamentlichen Griechisch, soviel dort auch von »Liebe« und »lieben« gesprochen wird, kommen diese Worte überhaupt nicht vor. Sie werden bewußt vermieden, und statt ihrer nahm die urchristliche Gemeinde ein im übrigen Griechischen wenig und ganz farblos gebrauchtes Wort: »agapan«, das etwa unserem »ich habe etwas gern« (englisch: I like it) entspricht, und erfüllte es mit einer neuen, ungeahnt großen Bedeutung. Man hatte jetzt ja zu sprechen von einer Liebe, von der die Griechen nichts wußten. Die Menschen sehnen sich zwar nach dem Göttlichen, aber die Götter sehnen sich nicht nach den tief unter ihnen stehenden Menschen, sie tragen kein Verlangen nach den Menschen. Und ebenso wenig liebt der letzte Grund alles Seins, den die griechischen Philosophen »Gott« nannten, die Menschen oder irgend etwas Einzelseiendes; er ist unbewegt und unveränderlich, er zieht uns (einem Magneten vergleichbar) zu sich, aber er wendet sich uns nicht zu, er liebt nicht und kann nicht lieben. Die christliche Gemeinde aber hatte auf Grund der Offenbarung des lebendigen Gottes in Jesus Christus zu sprechen von der uns Menschen, ja, allen Geschöpfen zugewandten tätigen Liebe Gottes, und für diese Liebe konnte sie die Worte »eros« und »eran« nicht verwenden. Denn diese göttliche Liebe war nicht im geringsten eine erotische Liebe, d. h. eine Liebe, die die Bereicherung des eigenen Lebens durch die Gewinnung des Liebenswerten sucht. Nein, Gottes Liebe sucht nichts für sich selbst. Kein Geschöpf kann den Schöpfer reicher machen. Gottes Liebe ist »überströmende Liebe« (Röm. 5,5). In einem viel radikaleren Sinn, als es bei unserem Eros der Fall ist, ist sie Dasein für den anderen, und dies erst recht bei Gottes liebender Zuwendung zu demjenigen Geschöpf, das sich gegen den Schöpfer gestellt hat, in dem das erotische Streben ganz egoistisch geworden ist, Empörung gegen Gott und Ausbeutung der Mitmenschen und Mitgeschöpfe. Wir Menschen sind dieses Geschöpf; wir sind für Gott nicht liebenswert; wir wollen sein wie Gott und schlagen Gott tot, wenn er zu uns kommt. Diesen unwerten Geschöpfen hat Gott sich liebend zugewandt, liebend bis zur letzten Konsequenz, bis zum Tod am Kreuz, und dies ganz bedingungslos, »als wir noch Feinde waren« (Röm. 5,10). Gottes *Feindesliebe* konnte man nicht »eros« nennen, weil Gott sich in ihr nicht nach seiner eigenen Erfüllung sehnt; für sie hat man das andere Wort »agape« genommen, um auszudrücken, wie selbstlos-hingebend Gott in ihr da ist für die, von denen er nicht Bereicherung, sondern nur Feindschaft zu erwarten hat, die nicht er nötig hat zum Leben, die aber ihn dringend nötig haben, wenn sie wieder zum Leben kommen sollen.

»Gott konnte sich an sich selbst und an der unangerührten Herrlichkeit und Seligkeit seines inneren Lebens genügen lassen«, schreibt Karl Barth (Kirchliche Dogmatik II/2, 181). »Er hat das nicht getan. Er hat den Menschen gewählt zu seinem Bundesgenossen. Er hat in seinem Sohn sich selbst zum Bundesgenossen des Menschen gewählt« (ebd. 181). Was aber wählte Gott damit für sich selbst? »Was hat er etwa an Herrlichkeit, Freude und Triumph gewählt, indem er in Jesus Christus gerade den Menschen erwählte? ... Wollen wir wissen, *was Gott für sich selbst wählte,* indem er die Gemeinschaft mit dem Menschen erwählte, dann können wir nur antworten, er *wählte unsere Verwerfung.* Er machte sie zu der seinigen. Er trug und ertrug sie in allen, in ihren bittersten Konsequenzen« (ebd. 179). »*Gott will verlieren, damit der Mensch gewinne.* Sicheres Heil für den Menschen, sichere Gefahr für Gott selber! ... In der Erwählung Jesu Christi, die der ewige Wille Gottes ist, hat Gott *dem Menschen das Erste, die Erwählung,* die Seligkeit und das Leben, *sich selber aber das Zweite, die Verwerfung,* die Verdammnis und den Tod *zugedacht«* (ebd. 177 Sperrungen von Barth).

Im gleichen Sinne setzt Luther die menschliche Liebe, von der die griechischen Philosophen sprechen, und die Liebe Gottes einander entgegen: die menschliche Liebe entsteht aus dem, was für uns liebenswert ist, und flieht das, was uns für uns schlecht erscheint; darum suchen wir, was für uns gut ist, so daß es dabei vor allem darum geht, das Gute zu empfangen, mehr als das Gute auszuteilen. Gottes Liebe aber »findet nicht, sondern erschafft das für sie Liebenswerte«; sie »liebt Sünder, Böse, Dumme, Schwache, um sie gerecht, gut, weise, stark zu machen, und so gießt und teilt sie vor allem aus. So sind die Sünder schön, weil sie geliebt werden, nicht aber werden sie geliebt, weil sie schön sind ... So besteht darin die Liebe des Kreuzes, aus dem Kreuz geboren: sie trägt sich hinüber, nicht dorthin, wo sie etwas Gutes findet, was sie genießen könnte, sondern dorthin, wo sie Gutes bringen kann dem Bösen und Bedürftigen. Denn seliger ist Geben als Nehmen, sagt der Apostel« (WA 1,365; aus den Heidelberger Thesen von 1518).

Damit ist klar, was Agape ist: das selbstlose Erbarmen mit dem, der nichts oder nur Schaden und Feindschaft zu bieten hat, mit dem, der uns keiner Liebe wert zu sein scheint, mit dem Unwerten. Agape ist misericordia, Barmherzigkeit. Erst das Chrsitentum hat dieses schöne Wort der deutschen Sprache geschenkt.

Durch diese Agape-Liebe, durch dieses reine Erbarmen sind wir dem Leben wiedergegeben. Das war die überwältigende Erfahrung, aus der die neutestamentlichen Schriften entstanden sind. Sie ist aber identisch mit der Entdeckung: je mehr wir uns dieser Liebe angleichen, desto mehr leben wir. Je mehr unser Eran vom Agapan, je mehr unser Eros von Agape durchdrungen wird, desto mehr kommt unser Leben zu der Erfüllung, nach der unser Eros sich sehnt.

Mit diesen Worten ist der Unterschied zwischen menschlicher und göttlicher Liebe, von dem Luther sprach, nicht aufgehoben; es ist aber auch nicht mehr ein sich ausschließender Gegensatz: hier der alles für sich beanspruchende, nur auf eigene Bereicherung bedachte, egoistische Eros des alten Menschen und dort die selbstlos nicht nach sich, sondern erbarmend nur nach dem Heil des unwerten Nächsten fragende und sich für den anderen opfernde Agape Gottes und des durch Gottes Geist erneuerten und Gottes Liebe »nachahmenden« (Eph. 5,1) Menschen.

Fragen wir aber nach den Folgen dieser wunderbaren Botschaft von Gottes Agape zu uns, so dürfen wir nicht unbedacht das Göttliche und das Menschliche gleichsetzen, d. h. nicht folgern: Weil Gottes Liebe unerotisch ist, muß auch unser Lieben unerotisch werden, nicht mehr Eros, sondern reine Agape. In der Praxis würde das, wie schon gesagt, schrecklicher Krampf, Heuchelei und Selbstbetrug werden, weil das gar nicht geht. Und es geht nicht deshalb nicht, weil wir Sünder sind, und weil der Eros die sündige Gestalt der Liebe ist, aus der wir nicht herauskommen (so erscheint es in der reformatorischen Entgegensetzung), sondern es geht deshalb nicht, weil der Eros die geschöpfliche Gestalt unserer Liebe ist, und weil wir aus unserer Geschöpflichkeit weder herauskommen können noch auch versuchen sollen, aus ihr herauszukommen. Daß ein Mann Vater und Mutter verlassen und an seinem Weibe hangen wird (1. Mose 2,24), das ist Eros, und das ist nicht Folge des Sündenfalls, sondern schöne, gnädige Gabe des Schöpfers ebenso wie die höchst erotische Liebe, die sich im Hohenlied ausdrückt. Der Eros ist nicht sündig, aber er ändert sich, je nachdem er unter der Herrschaft unseres sündigen Wesens steht oder unter der Leitung des neuen Lebens, des Lebens aus der Liebe Gottes.

Als Sünder sind wir Menschen, die nichts von Gottes

Liebe wissen und halten und deshalb allein auf sich selbst angewiesen sind: allein wir selbst die Schmiede und Garanten unseres Glücks. In dieser angstvollen Situation leben wir auf Kosten unserer Mitmenschen und verwenden sie als Mittel für unser Glück. Im von der Sünde beherrschten Eros dominiert mein eigenes Glücksverlangen über das Glück des anderen.

Wie aber ist es, wenn die Agape Gottes unseren Eros durchdringt? Darüber muß man sich klar sein: Solange unser Glücksstreben sich auf Dinge richtet, vom guten Essen angefangen bis zum Kunstgenuß, sind wir noch mit uns allein, und die Dinge, die uns Mittel zur Befriedigung unseres Verlangens werden, sind unserer Verwendung wehrlos ausgesetzt. Ganz anders aber wird es, wenn unser Verlangen sich auf einen anderen Menschen richtet: a) Nun begegnet mein Verlangen einem anderen Verlangen, mein *Lebensanspruch* einem anderen Lebensanspruch; nicht nur ich spreche an, sondern ich werde zugleich selbst angesprochen. b) Nur indem ich *für* das Verlangen des anderen da bin, wird auch der andere für mein Verlangen da sein; nur über sein Glück geht der Weg zu meinem Glück. Das geschöpfliche Aufeinanderangewiesen-Sein des Menschen auf den Menschen, das sich nirgends so deutlich und so intensiv ausdrückt wie im sexuellen Eros, findet seinen Höhepunkt darin, daß wir unser Glück *im* anderen nur finden können durch unser Dasein *für* den anderen. Dies aber ist die Agape, und deshalb wird der zwischenmenschliche Eros nicht ersetzt durch die Agape, wohl aber steht jede zwischenmenschliche Begegnung unter der *Frage der Agape*.

Umgekehrt aber ist auch die Agape, d. h. die erbarmende, fürsorgende, selbstlose Hinwendung zum hilfsbedürftigen Nächsten keineswegs da am vollkommensten, wo ihr jedes erotische Moment fehlt. Wer mongoloide, schwachsinnige oder geisteskranke Menschen liebevoll betreut, kann am besten davon berichten, wie bei dieser erbarmenden Hinwendung weder seine Gefühle ausgeschaltet sind noch sein eigenes Verlangen nach Sinnerfüllung, auch nach Wärme und Zärtlichkeit zu kurz kommt. Das ist gut so, dessen soll er sich nicht schämen. Die Agape-Frage fordert nicht, dies zu unterdrücken. Sie fragt aber, was die *Priorität* hat: unsere Befriedigung oder das Glück und der Lebensanspruch des anderen. Mit dieser Frage, die ihren Grund und ihre Kraft in der Agape-Liebe Gottes hat, führt sie uns über unsere Grenzen hinaus, über die Grenzen, die unser Eros zu ziehen droht. Er will die Liebe des anderen, das Dasein des anderen für mich. Darum droht er zu erlahmen, wo der andere mich enttäuscht, und zu verschwinden, wo der andere mir seine Liebe versagt oder gar mit Feindschaft antwortet, wo ich also von ihm keine Bereicherung zu erwarten habe, sondern nur Last. Ist unser Lieben damit an eine absolute Grenze gestoßen, die zu überschreiten unzumutbar ist? So meinten es die griechischen Philosophen, von denen Luther spricht. Die Kraft, die unseren Eros über diese Grenze hinausführt, ist die Kraft der Agape, des Liebesgeistes Gottes. »Denn als wir noch schwach waren, starb Christus für uns Gottlose . . . da wir noch Feinde waren« (Röm. 5,6.10). Weil Gottes Nächstenliebe uns gegenüber zur Feindesliebe wird, hat Jesus das alttestamentliche Gebot der Nächstenliebe, wie man sagt, »verschärft« oder »radikalisiert« oder besser gesagt: so umfassend und bedingungslos und grenzenlos gemacht, wie Gottes Liebe selbst umfassend und bedingungslos und grenzenlos gilt und tätig ist »für Gerechte und Ungerechte« (Matth. 5,43-48).

Gottes Feindesliebe ist der Grund für das »Gebot« der Feindesliebe. »Gebot« kann hier leicht mißverstanden werden als Angst machende Forderung. Gemeint ist aber: Was Gott kann, könnt auch ihr! Was er tut, eröffnet neue Möglichkeiten für euer Tun. Wenn er Grenzen überschreitet, könnt auch ihr sie überschreiten. Von der Bedingungs- und Grenzenlosigkeit seiner Liebe wird euch nicht nur dazu erzählt, damit ihr auf den Knien liegt, eine so ideale Liebe bewundert und froh seid, daß sie auch euch zugute kommt. Vielmehr: diese Wirklichkeit der Liebe Gottes schafft eure neue Möglichkeit. Das und nicht weniger ist mit der Rede vom heiligen Geist gemeint. Dazu lese man das vierte Kapitel des ersten Johannesbriefes!

Gottes Möglichkeit wird unsere Möglichkeit – aber ohne Aufhebung des Unterschiedes zwischen dem Schöpfer und dem Geschöpf, zwischen Gottes Situation uns gegenüber und unserer Situation als leiblich-irdische Menschen unseren Mitmenschen gegenüber. Wandelt uns dieses befreiende Wirken des heiligen Geistes, dann werden wir dadurch nicht »gleich wie Gott« (das war ein Versprechen der Schlange – 1. Mose 3,5!), auch nicht zu Engeln, zu reinen Geistwesen. Im Gegenteil: wir werden nun gerade, nun endlich rechte irdische Geschöpfe in jener vollen Diesseitigkeit, an der *Bonhoeffer* mit Recht so viel gelegen war, befreit aus den »gottlosen Bindungen dieser Welt«, zu denen auch die Fesseln unseres eigensüchtigen Eros gehören, zu »dankbarem Dienst an Gottes Geschöpfen« (Barmen II), damit aber auch zu dankbarer Freude und Bejahung und Besorgung unserer eigenen Geschöpflichkeit, zu der auch unsere Sexualität gehört. Sie ist das Verlangen nach sexuellem Glück, nach Zärtlichkeit und Orgasmus, nach leiblichem Genuß des

Foertgen Herder
Salzstraße 56
48143 Münster
Tel. 0251/490140

19.11.97

Q U I T T U N G

Abholfach 7%   6,80 *

ZWISCHENSUMME   6,80
Bargeld   10,00

gegeben: 10,00 RÜCKGELD   3,20-

* incl. 07%MwSt aus 6,80 = 0,44
  Vielen Dank! Auf Wiedersehen!

#022397   KASSE 02   C 022 13:43

anderen Menschen. Gottes Agape in seiner Vergebung verneint nicht unsere leibliche Geschöpflichkeit (das war der Irrtum jener Diffamierung des Sexus durch den tief ins Christentum eingedrungenen Neuplatonismus), sondern bejaht sie und hilft unserem Sexus und Eros, herauszukommen aus seiner dämonischen, auf Kosten der anderen Menschen sein Glück sich sichern wollenden Absolutsetzung zur dankbaren Selbstbejahung, zum weisen Interesse am Glück des anderen und zur demütigen und auf Gottes Liebe vertrauenden Selbstbegrenzung.

Eros und Agape heißen ja beide »Liebe«, und wir sollten es unserer Sprache nicht verübeln, daß sie mit diesem *einen* Wort beide meinen kann. »Ist es nicht groß und gut«, sagt Thomas Mann im »Zauberberg«, »daß die Sprache nur *ein* Wort hat für alles, vom Frömmsten bis zum Fleischlich-Begierigsten, was man darunter verstehen kann? Liebe kann nicht unkörperlich sein in der äußersten Frömmigkeit und nicht unfromm in der äußersten Fleischlichkeit, sie ist immer sie selbst« (zitiert von Albrecht Goes im Vorwort zur Übersetzung des Hohenliedes von Leopold Marx, vgl. mein Vorwort). Beide sind Arten der Liebe, d. h. der bejahenden Zuwendung zum anderen Menschen. Der Eros ist die an mein Selbst gebundene Liebe, die Agape die von meinem Selbst befreite Liebe. Darum ist der Eros die bedingte Liebe, bedingt durch das, was ich vom anderen habe; die Agape ist die bedingungslose Liebe, hervorgerufen nicht dadurch, daß der andere mir geben kann, sondern dadurch, daß er meiner bedarf. Beide Arten werden in der Realität meist nicht streng voneinander geschieden sein. Weil sie nicht den Bedingungen des Eros unterliegt, ist die Agape unbegrenzter hinsichtlich der Personen wie der Orte, Zeiten und Situationen. Der Eros aber ist es, der unser

Leben durchtränkt mit Leidenschaft, Berührungsschauer, Zärtlichkeit und Jubel und es zugleich durchsetzt mit Gefahren. Er ist die gefährdetere und gefährlichere Art der Liebe, er hat seine Abgründe immer hart neben sich. Die Agape aber, wie Paulus sie 1. Kor. 13 beschrieben hat, ist nie gefährlich; sie kann uns in die größten Gefahren bringen, nie aber ist sie selbst eine Gefährdung unseres Lebens. Darum kann auf sie als auf das eindeutig undialektisch Göttlich-Gute ein Loblied gesungen werden, wie es der Eros wegen seiner Dialektik nie erhalten kann.

Im Reiche Gottes wird der Unterschied von Eros und Agape aufgehoben sein. Die Bibel ist durchzogen von einem in dieser Perspektive geschehenden Lobpreis des Eros. Das beginnt mit jenem herrlichen Fazit des zweiten Schöpfungsberichtes: »Darum wird ein Mann Vater und Mutter verlassen und an seinem Weibe hangen (notabene: nicht umgekehrt, wie es dann historisch geworden ist!), und sie werden sein *ein* Fleisch« (1. Mose 2,24). Das klingt auf im königlichen Brautlied des Psalms 45, das sich wie eine – freilich noch ferne – Erinnerung an das Hohelied anhört. Dazu tritt das Wort der freien Vergebung, deren der Eros bedarf, die ihm aber auch verheißen ist, jenes unerhörte Wort Jesu über die durch illegalen Eros übel beleumdete und Jesus auf ihre erotische Weise ihre Liebe bekundende Frau: »Ihr sind viele Sünden vergeben; denn sie hat viel geliebt« (Luk. 7,47). Für Paulus, dem zu Unrecht und aus Mißverständnis einiger Worte Diffamierung der Sexualität nachgesagt wird, und der als echter Jude trotz seines situationsbedingten Rates »Heiraten ist gut, Nicht-Heiraten ist besser« (1. Kor. 7,38) unschuldig ist an dem neuplatonischen Jungfräulichkeitskult in der christlichen Kirche – für Paulus (oder, falls der

Epheserbrief nicht von ihm selber stammt, für einen ihn gut verstehenden Schüler) ist die Eros-Liebe zwischen Mann und Frau Gleichnis der Agape-Liebe zwischen Christus und der Gemeinde: »Wer seine Frau liebt, der liebt sich selbst. Denn niemand hat jemals sein eigenes Fleisch gehaßt, sondern er nährt und pflegt es – und so auch der Herr die Gemeinde« – und dies in ausdrücklicher Erinnerung an 1. Mose 2,24 (Eph. 5,28-31). Eben darum werden in seiner höchsten und besten Entfaltung die Worte des Eros identisch mit den Worten der Agape. Paulus dürfte beim Schreiben von 1. Kor. 13 im Sinne gehabt haben, was der Eros zu sagen und zu versprechen weiß: »Setze mich wie ein Siegel auf dein Herz ... Liebe ist stark wie der Tod« (Hoheslied 8,6).

Hilfe durch gesellschaftliche Regelungen

Dies alles können wir uns verdeutlichen an den beiden Liebenden des Hohenliedes. Freilich nicht an dem, was wir unmittelbar an ihnen sehen und von ihnen hören. Was wir sehen und hören, ist der *Augenblick des Glücks,* der gegenseitigen Beglückung. Wir stehen um sie herum und hören vergnügt ihrem verzückten Geturtele zu. »Ein Schauspiel für Götter, zwei Liebende zu sehen« (Goethe, Stella). Ja, so ist es, und daran kann man sich mit ganzem Herzen freuen, und auch die Bibel bietet uns diese Freude.

Aber das Leben ist mehr als ein glücklicher Augenblick, und jeder von diesen beiden Liebenden erhofft sich vom anderen mehr als nur das Zusammensein in einem glücklichen Augenblick. Ihre Liebe scheint den beiden ewig. Das ist die Ewigkeit des gefüllten, des seligen Augenblicks, über den wir nicht hinausdenken, wenn wir ihn erleben. Aber »alle Lust will Ewigkeit« (Nietzsche), jede starke Liebe will Dauer und Umfassung des *ganzen* Menschen, des jetzigen und des künftigen. Der Mensch, auf den mein erotisches Verlangen sich richtet, bringt sich ganz mit, seine Schönheit und seine Liebe, gerühmt in den Gesängen des Hohenliedes, aber auch, was dahinter noch verborgen liegt: seine Unschönheiten, seine Liebesbegrenztheit, seine Eigensucht, seine Sorgen und Ängste, kurz: die Lasten seines Lebens, die gegenwärtigen und – in ihnen jetzt schon gegenwärtig – die künftigen. Da mögen wir Zuschauer beim Anblick der beiden wohl wünschen: »O, daß sie ewig grünen bliebe / die schöne Zeit der jungen Liebe!« (Schiller, Das Lied von der Glocke). Aber die beiden bleiben nicht grünend, und ob dann die Liebe grünend bleibt, das eben ist die Frage an den Eros, mit der die Agape viel zu tun hat.

Das alles ist im seligen Augenblick ausgeblendet, aber es ist schon dabei. Und wie gut ist das! Wäre es nicht so, dann könnte der Eros, der hier so glücklich singt, umkippen in zweierlei Hinsicht:

1. Er könnte am anderen nur wollen, was schön ist, was jetzt sein Entzücken hervorruft. So sagt im Hohenlied er zu ihr: »Wie schön bist du und wie lieblich, Geliebte, Mädchen voller Wonne!« (7,7). »Ganz und gar schön bist du, meine Geliebte, und ganz ohne Makel« (4,7; vgl. 1,15; 4,1; 6,4). Ebenso sie zu ihm: »Auch du bist schön, mein Geliebter, und lieblich« (1,16) und über ihn: »Sein Gaumen ist Süße und sein ganzes Wesen ist lieblich. So ist mein Geliebter und so mein Freund, ihr Töchter Jerusalems« (5,16). Der nur erotisch Liebende könnte nicht bereit sein, auch die Lasten des anderen in Kauf zu nehmen, möchte den anderen also nur halb, nur soweit er erfreut, annehmen, also doch nur als Bereicherungsding und nicht als lebendigen Menschen und Partner. Darauf aber hofft der andere, das ist seine noch unausgesprochene Bitte: *ganz* angenommen zu werden, geholfen zu bekommen beim Tragen der Lasten. So ist in der erotischen Begegnung die Frage der Agape immer schon präsent.

2. Les amants sont seuls dans le monde (»Die Liebenden sind allein in der Welt«). Ineinander versunken in seligem Anschauen ist ihnen die Welt versunken und vergessen. Gerade nur noch zum Vergleich des geliebten Menschen, zu seinem Hervorheben taugt sie: ihm ist sie die einzige

und schönste unter allen Frauen (6,8 f; 5,9); ihr erscheint er »wie ein Apfelbaum unter den Bäumen des Waldes« (2,3), »hervorragend unter zehntausend« (5,10). Die übrigen Menschen treten nur als Staffage, als Dekorationsstücke auf: die Mutter, die Brüder, die Freundinnen, der König mit seinem Harem, auch das Streifenkommando der Stadtpolizei (3,3; 5,7).

Dies alles aber kann nichts daran ändern, daß sie dennoch wie dem Flusse der Zeit so auch dem Felde der Gesellschaft angehören. Zeitlos sind sie die Stimmen der Liebenden aller Zeiten – und zugleich unverwechselbar Kinder ihrer Zeit und ihrer Klasse, der Hofgesellschaft und Oberschicht im salomonischen Reiche. Ineinander versunken in gegenseitiger Bewunderung, könnten sie sich als elitäres Paar herauslösen aus der Gesellschaft der anderen, so viel Unvollkommeneren, sich selbst genügend, sich sonnend im Neide der schlechter Weggekommenen, in Zweisamkeit einsam auf dem Glückshügel über der übrigen, nur störenden und unerfreulichen Menschheit. In beiden Fällen wird der Eros aus der Chance des Daseins für andere und *dadurch* des Reichwerdens durch die anderen herausgeworfen in die Einsamkeit des Egoismus, des Kreisens um sich selbst. Immer wieder steht er vor der Agape-Frage, ob a) jeder der beiden mit der Lust des anderen auch dessen Last auf sich nehmen will, und b) ob sie beide ihr Glück nur für sich genießen wollen, ob ihr Glück ihnen eine sie abschließende Hinderung oder eine sie öffnende Stärkung ist zum Leben für andere, gerade für die, die nicht so gut dran sind, die es nicht so gut haben wie sie beide.

Nicht lange wird es dauern, da sind sie nicht mehr mit sich allein, da wird die Gesellschaft in ihrer Liebe sich einmengen, da werden sie ihre Liebe vor der Gesellschaft verantworten, sie mit deren Regeln in Einklang bringen oder gegen deren Regeln behaupten müssen. Es wird sich zeigen, daß ihr Schlafen miteinander nicht nur ihre Lust ist, in der sie alles vergessen, sondern reale Folgen hat, nämlich Kinder, und spätestens in diesen Kindern geht ihre Liebe nicht nur sie beide an, sondern auch andere Menschen: diese Kinder selbst und alle, die Grund haben, daran interessiert zu sein, ihre Familie, ihr Volk, ihre Gesellschaft. Der Augenblick der Liebe dehnt sich aus in die Zeit und in den Umkreis, und in dieser Ausdehnung werden noch andere Ordnungen nötig als diejenige, die der Geist der Liebe ihnen schenkt. Ihr Zusammenleben steht vor der Frage der *Institution*. Denn alles menschliche Leben, weil zeitlich und gesellschaftlich, kann nur in und durch Institutionen gelebt werden, durch Ordnungen und Regelungen, die ihm Dauer geben und die es auf dauerhafte und übersichtliche Weise verbinden mit dem Leben der anderen Menschen.

Daß Kinder hier noch mit keinem Gedanken im Blick sind, erinnert uns, wie früher schon gesagt, daran, daß der sexuelle Eros und sein leiblicher Vollzug gerade nicht erst von der Fortpflanzung her legitimiert wird und seine »Ehrbarkeit« bekommt, wie jene vatikanische Erklärung behauptet, sondern unabhängig von diesem Gattungszweck Recht und Sinn hat als intensivster Gemeinschaftsvollzug unserer geschöpflichen Geschlechtlichkeit. Die Möglichkeit aber, daß aus dem Miteinander-Schlafen Kinder, andere Menschen, entstehen, erinnert uns von Anfang an daran, daß unser Liebesglück nur scheinbar unsere *Privatsache* ist. In Wirklichkeit ist diese unsere innigste, privateste, persönlichste Verbindung zugleich ein Ereignis von gesellschaftlicher Bedeutung wegen der Kinder, wegen unseres ständigen Verbundenseins mit den anderen Menschen und wegen ihren Ansprüchen an uns, auch an uns beide in unserer Liebesgemeinsamkeit, und schließlich auch deswegen, weil ein Trieb von so unerhörter Stärke wie der Sexualtrieb ständig Folgen für das gesamte Zusammenleben der Menschen hat. Darum kann die Gesellschaft ihn nicht ignorieren, als wäre er eine Privatsache der Liebenden. Darum nimmt sie Stellung dazu. Darum befragt sie die Liebenden, ob sie sie nun als ein dauerhaftes Paar zur Kenntnis nehmen soll und darf, ob sie ihr Zusammensein bestätigen und mit besonderen Rechten und Pflichten ausstatten darf, und darum zeigt sie ein gesellschaftliches Interesse daran, daß die beiden halten, was sie sich im Augenblick des Glücks, weil Liebe auf Dauer aus ist, *versprochen* haben: die *Treue*, d. h., daß sie Verantwortung füreinander übernehmen, nicht gleich wieder auseinanderlaufen, wenn es zwischen ihnen schwierig werden sollte, daß sie vielmehr zusammenbleiben wollen »in guten und bösen Tagen«, ja, »bis der Tod euch scheidet«.

Wir stehen damit, durch die Agape-Frage geleitet, bei der Frage der *Institutionalisierung* des sexuellen Eros, beim Verhältnis der Liebe in ihrer Freiheit zur Institution der Ehe. An dieser Schwelle müssen wir diesmal stehen bleiben, weil hier zu viele neue Fragen – erst recht heute – auftauchen, auf die wir uns jetzt nicht einmal andeutungsweise einlassen können. Nur *zweierlei* soll für das rechte Herangehen an diese Fragen hervorgehoben werden, angesichts der jahrtausendelangen Geschichte der Institutionalisierung der Liebe durch eheliche Ordnungen, die den Sexualtrieb und mit ihm aber auch den sexuellen Eros unter die Kontrolle der Gesellschaft und ihrer jeweiligen Interessen bringen sollten:

1. So wenig der Frage nach der Institutionalisierung

ausgewichen werden kann und darf – und zwar, wie wir eben gesehen haben, gerade wegen des Agape-Elements in der erotischen Beziehung –, so wenig darf damit das eigene Recht dieses großen Ereignisses, der geschlechtlichen Liebesbegegnung zweier Menschen, bestritten oder gemindert oder unter Rechtsbedingungen gesetzt werden, als bekäme die Liebe ihr Recht, auch das Recht zu ihrem leiblichen Vollzug, erst von diesen Legalisierungen her und hätte ohne sie kein Recht an ihrem Glück und ihrem Vollzug. So ist es weithin gehandhabt worden, auch in der Geschichte der kirchlichen Sexualmoral, und bei den Verklemmungen und Tragödien, die das angerichtet hat, kann man mit Goethe sagen: »Opfer fallen hier, / weder Lamm noch Stier, / aber Menschenopfer unerhört.« Die nichtlegalisierte Liebe des Hohenliedes in der Bibel sagt uns: Alles unsere Ordnungen und Vorschriften im Bereich des sexuellen Eros sollen *Hilfestellungen* sein, nicht aber Bedingungen. Legitim wird eine Liebe nicht erst dadurch, daß sie legal wird vermittels Standesamt und Traualtar. Aber ihre Legalisierung soll eine Hilfe sein für ihren eigenen Wunsch, nicht flüchtig zu sein, sondern dauerhaft, und nicht nur privat, sondern öffentlich und bedeutsam für die Gesellschaft, in der wir leben.

2. Nichts läßt sich so wenig in allgemeine Schemata pressen und nach allgemeinen Normen beurteilen wie das Leben des sexuellen Eros. Die hergebrachte Sexualmoral arbeitet mit solchen allgemeinen Schemata und Normen. Das macht sie so bequem, man kann sie ohne näheres Zusehen anwenden: Was nicht legal ist, ist auch nicht legitim. Das ist die Sprache des Gesetzes, die jeden Einzelfall ins Prokrustesbett der allgemeinen Norm einpaßt, auch wenn das nur mit grausamen Vergewaltigun-

gen geschehen kann; das Gesetz aber richtet nur Zorn an (Röm. 4,15) und Heuchelei und vielfältige heimliche Übertretungen und den ganzen Wust der doppelten Moral. Die Kirche hat leider auf *den* Gebieten, auf denen allgemeine Normierung sehr wohl möglich und nötig sind, nämlich auf dem Gebiet der Wirtschaft und der Sozialpolitik, sich für unkompetent erklärt, ihnen »Eigengesetzlichkeit« attestiert und sich auf allgemeine Leerformeln beschränkt. Auf dem Gebiet des sexuellen Eros dagegen hat sie keinerlei »Eigengesetzlichkeit« anerkannt, sondern mit Eifer sehr strikte und detaillierte Normen aufgestellt und mit höchst repressiven Methoden diese Normen praktiziert. Nach diesen Normen verfallen auch die beiden Liebenden des Hohenliedes der Verurteilung. Denn diese Normen binden alles an die Legalisierung und mahnen jeden Liebenden: Mit dem Vollzug der Liebe mußt du *warten* bis zur Legalisierung, und sollte die Legalisierung aus irgendwelchen Gründen nicht möglich sein, so mußt du *verzichten*. Was wir lernen sollen, auch durch das Hohelied, ist: Gerade auf diesem Gebiet steht der Einzelfall *über* und nicht *unter* dem allgemeinen Gesetz. Jede Zweierbeziehung ist ein schlechthin besonderer Fall. Wie der *Geist* weht, wo er will, so weht auch die *Liebe,* wo sie will. Dieser Vergleich ist weder zufällig noch lästerlich. Die gleiche Kirche, die die Liebe von der Legalisierung abhängig machen wollte, war auch bestrebt, den Geist Gottes so weit wie möglich unter ihre Regie und in die Kontrolle ihrer Kanäle zu bringen. Sie hatte gegen das freie Walten des Geistes und gegen das, was es anrichten könnte, das gleiche Mißtrauen wie gegen die Freiheit des Eros, dieses unberechenbaren Vagabunden. In Hinsicht auf beide muß sie und müssen wir alle lernen: das Wichtigste ist, *aufmerksam* zu sein, wie wir einander *helfen* können. Und in Fällen der Liebe jeden Fall besonders nehmen, einander an die Agape-Frage erinnern, die in *jeder* Zweierbeziehung präsent ist, und unsere Legalisierungen anbieten als Hilfen zum rechten dauerhaften, ganzheitlichen und der Mitwelt dienenden Leben der Liebe.

Das Hohelied –
eine Magna Charta der
Humanität

Es gehört immer noch Mut dazu, sich auf diesen Weg zu begeben. Die Angst vor der Freiheit sitzt tief in uns. Wird sie vermindert, wenn wir uns eine größere, weitere Perspektive noch klar machen? Kurt *Marti,* der Berner Dichter-Pfarrer, nennt sie die Perspektive einer »erotischen Friedenskultur« (»Das erotische Verhältnis des Schriftstellers zur Sprache«, in: Grenzverkehr, Neukirchen 1976, 42–53). Nur schüchtern kann ich auf diese Perspektive hinweisen, weil die Hoffnung auf ihre Realisierung wenig hat, woran sie sich halten kann – aber immerhin z. B. eben das Hohelied! Der Hinweis soll darum nicht unterdrückt werden. Vielleicht trägt er dazu bei zu verhindern, daß die hier vorgelegte Deutung und Anwendung des Hohenliedes stecken bleibt und hin- und hergezerrt wird im Streite derer, die darin nur einen Freibrief für sexuellen Libertinismus sehen, den sie entweder begrüßen oder beklagen. Die Frage ist vielmehr, inwiefern unser Verhältnis zur Sexualität für die tiefgehende kulturelle Krise unserer Zeit und für die oft erörterte Suche nach einem neuen Lebensstil Bedeutung hat, und ob wir uns dafür noch an der überlieferten Sexualmoral orientieren können.

Diese aber hängt mit allerlei Gesellschaftstendenzen und -interessen zusammen, von denen nur zwei hervorgehoben seien, die sehr miteinander zusammengehören: die Verbannung der Frauen aus der Männerwelt – und die Verbannung der Gefühle aus der Öffentlichkeit in die private Intimität. Die christlichen Konfessionen haben sich in diesen Punkten nicht viel vorzuwerfen; keine hat es wesentlich besser gemacht als die andere, alle standen sie unter dem Vorurteil des leib- und sexusfeindlichen Neuplatonismus. Es hat sich in jeder von ihnen nur verschieden geäußert. So legitimierten sie die Herrschaft der Männer samt jenen Verbannungen, statt – wie der wunderbare Augenblick der jesuanisch-urchristlichen Gemeinde-Gemeinschaft von Mann und Frau es erfordert hätte – eine Kraft dagegen zu sein.

»Wer gebietet, wer erlaubt ihnen, voreinander davonzulaufen? Daß das nicht geht, zeigt sich symptomatisch darin, daß . . . jedes künstlich herbeigeführte oder festgehaltene Sondersein der Geschlechter als solcher . . . bei den Männern barbarisch und bei den Frauen preziös, bei beiden mehr oder weniger unmenschlich zu werden pflegt« (Karl Barth, Kirchliche Dogmatik III/4, 184). Man sehe sich eine größere Reihe Porträts von Generalen, großen Geschäftsleuten und zölibatären Kirchenfürsten vergleichend an, von lauter Männern also, die in ihren Arbeitsgebieten keine Frauen neben sich haben, und man wird im Durchschnitt bestätigt finden – wie der junge Schleiermacher (in seiner Verteidigung von Friedrich Schlegels Roman »Lucinde«) einmal sagt –, daß »alles, wovon sie (die Frauen) sich entfernen, roh werden muß«.

Der Protestantismus war der bürgerlichen Welt und der Rationalität der kapitalistischen Produktion durch die rationalen Elemente in seinem Berufsethos, auf die Max *Weber* hingewiesen hat, zu eng verbunden, als daß Luthers Unbefangenheit gegenüber dem bonum donum Dei der Sexualität Konsequenzen hätte haben können. Mehr als die Hochschätzung der Ehe und der züchtigen Hausfrau ist dabei nicht herausgekommen. Die heute erreichte juristische Gleichberechtigung der Frau kam nur trotz des Bremsens der Kirchen zustande, und viel mehr als die vom Produktionsinteresse erzwungene Eingliederung der Frauen in die Männerwelt, in der sie arbeiten müssen »wie ein Mann«, ist dabei noch nicht herausgekommen.

Die Warenwelt, in der wir leben, drängt alle menschlichen Beziehungen in die Sachlichkeit des Tauschverkehrs. Gewährt eine permissive society – wie heute – sexuelle Freizügigkeit, so wird auch das sogleich hineingesogen in die Tauschkategorie der sexuellen Leistungen und in die Kommerzialität des großen Porno-Geschäfts. Gegen solchen »Sittenverfall« die hergebrachte Sexualmoral anzurufen, für »saubere Leinwand« und strengere Scheidungsgesetze zu agitieren, kann dagegen nichts helfen. Die Ursachen dieser Entwicklung in der kapitalistischen Produktion bleiben dabei unerkannt, weil man sie nicht antasten will. Und jene Moral hat ja eben selbst zur Barbarisierung und Verrohung der menschlichen Beziehungen beigetragen, von denen Barth und Schleiermacher sprachen: durch die Verbannung der Frau aus den Gebieten, die die Männer sich vorbehielten, und durch die Ächtung der Gefühle, zumal der erotischen, außerhalb der legalisierten Verborgenheit des Ehestandes.

So ist die heutige Befreiung der Sexualität aus früheren Fesseln ambivalent: zugleich schon ins Warenhafte pervertiert *und* Vorschein jener von Marti erträumten »erotischen Kultur«, in der die »bereits absurd und selbstzerstörerisch gewordene Leistungstüchtigkeit« abnimmt und wettgemacht wird »durch die Entwicklung freierer, weniger zweckbestimmter, sogar ›zweckloser‹ schöpferischer Fähigkeiten und Tätigkeiten«. Freilich mit der Vor-

aussetzung der »Zerstörung des geltenden Wertsystems«.
»Eine Kultur, erst recht eine erotische, will sie Bestand
haben, setzt die Abschaffung jeder Ausbeutung voraus.
Partizipieren nicht alle an ihr, kommt nur eine Elite zur
Lebenserfüllung, bleibt die euphorischste Kultur des
Eros ephemer. Antizipation auch so noch, aber eine
entstellte und verzerrte« (Marti, Grenzverkehr, 46.49).
Wir hatten Heinrich *Böll* – er konnte dann leider nicht
kommen – eingeladen, an unseren Kirchentagsgesprächen
über das Hohelied teilzunehmen. Denn er hat sich eine
»Theologie der Zärtlichkeit« gewünscht: »Im Neuen Testament steckt eine Theologie der – ich wage das Wort
– Zärtlichkeit, die immer heilend wirkt: durch Worte,
durch Handauflegen, das man ja auch Streicheln nennen
könnte, durch Küsse, eine gemeinsame Mahlzeit – das
alles ist nach meiner Meinung total verkorkst und ver-
kommen durch eine Verrechtlichung, man könnte wohl
sagen, durch das Römische, das Dogmen, Prinzipien
daraus gemacht hat, Katechismen; dieses Element des
Neuen Testaments – das zärtliche – ist noch gar nicht
entdeckt worden; es ist alles in Anbrüllen, Anschnauzen
verwandelt worden« (Heinrich Böll / Christian Linder,
Drei Tage im März, Köln 1975, 72). Ein andermal nannte
er es eine »Theologie der Zärtlichkeiten Maria Magdale-
nas«, der Frau, der viel vergeben wurde, weil sie viel
geliebt hat, und einmal schreibt er:
»Das ›Jetzt habt ihr Trauer, aber ihr werdet euch freuen‹
muß auch auf die Geschlechtlichkeit beider Geschlechter
bezogen werden . . . Ich mag mir nicht vorstellen, wieviel
freudlose Ehen und wieviel Milliarden freudloser eheli-
cher Pflichtübungen es gegeben haben könnte: ganze
Kontinente voller formloser bzw. ungeformter Inhal-
te . . . Es bedarf keiner großen psychologischen oder

psychiatrischen Erfahrung, es bedarf nur eines Ansatzes von Phantasie, um zu ahnen, für wie viele Menschen die Freudlosigkeit ihrer Geschlechtlichkeit zur Krankheit gereicht hat – und wieviele durch die Freude daran geheilt worden sind« (»Apropos Freude«, in: Concilium, 1974, 378 f).

Das ist die weite Perspektive, in die uns das Hohelied führt: nach vorwärts in die sehnsüchtige Utopie einer befreiten, humanen Kultur, in der die geschöpflichen Gaben blühen können, die jetzt erstickt werden – nach einwärts in neue erotische Entfaltung der persönlichen Beziehungen durch gegenseitige Durchdringung von Eros und Agape. Daß wir das noch wenig gelernt haben, ist ein genügender Beweis für die Berechtigung und Notwendigkeit des Hohenliedes in der Bibel. Karl Barth nennt es darum mit Recht – neben dem zweiten Schöpfungsbericht in 1. Mose 2 – eine zweite »Magna Charta der ... Humanität ... Man soll es nicht aus dem Kanon wegwünschen. Man soll auch nicht so tun, als ob es nicht im Kanon stünde. Und man soll es auch nicht spiritualisieren, als ob, was im Kanon steht, nur spiritualistische Bedeutung haben dürfte ... Gerade die tiefsinnigste Auslegung wird hier nur die natürlichste sein können« (Kirchliche Dogmatik III/2, 354 f).